CE *journal* APPARTIENT À :

Tu veux des cadeaux gratuits ?
Écris-nous par courriel à l'adresse suivante :
gratitude@pbleu.com

@papeteriebleu

Papeterie Bleu

Achète nos autres livres sur
www.pbleu.com

Distribution en gros par le biais d'Ingram Content Group
www.ingramcontent.com/publishers/distribution/wholesale

Questions et service clients : écris-nous par courriel à l'adresse suivante
support@pbleu.com

Développez une attitude de gratitude

« Habituez-vous à remercier les autres, à exprimer votre reconnaissance sincèrement et sans rien attendre en retour. Appréciez vraiment ceux qui vous entourent et vous trouverez bien vite d'autres personnes autour de vous. Profitez pleinement de la vie et vous en tirerez davantage. »

~ Ralph Marston

1ᴱᴿᴱ ÉTAPE : Créez des **HABITUDES**

– Commencez par vous <u>mettre dans l'ambiance</u>, de la façon qui vous convient le mieux. Voici quelques suggestions qui peuvent mettre le train de la gratitude en marche...

- ◼ Méditez
- ◼ Priez
- ◼ Faites-vous une tasse de thé
- ◼ Allez vous promener
- ◼ Allumez une bougie parfumée
- ◼ Trouvez un endroit tranquille
- ◼ Décompressez avec un verre de vin
- ◼ Écoutez votre chanson préférée
- ◼ Faites un câlin à votre ami à quatre pattes

– <u>Réfléchissez</u>. Voici l'occasion de repenser à tout... TOUT ! Pour apprécier vraiment la gratitude, vous devez aussi accepter les difficultés et les combats à surmonter. N'ayez pas peur de vous plonger dans vos véritables pensées et sentiments quant aux difficultés rencontrées au cours de la journée. C'est dans l'adversité que l'on devient plus fort. Et de ses cendres que renait le phénix. Réfléchissez à ces questions...

- ◼ Qu'est-ce que j'ai trouvé difficile ?
- ◼ Qu'est-ce que j'ai dû surmonter ?
- ◼ De quoi suis-je reconnaissant ?
- ◼ Comment vais-je exprimer ma gratitude pour enrichir la vie de ceux qui m'entourent ?

– Couchez <u>vos pensées sur le papier</u>. Le fait d'écrire vous aide à garder vos pensées en mémoire – c'est un fait neuroscientifique ! Dessinez, croquez, griffonnez, écrivez, et laissez-vous porter à VOTRE propre rythme !

2ᴱᴹᴱ ÉTAPE : **CONSERVEZ** cette pratique

– Établissez <u>un programme</u>.

- ◼ Certaines études montrent qu'il suffit de 21 jours pour établir une habitude alors que d'autres parlent d'une année entière ! Être reconnaissant n'est pas toujours automatique. Ceux qui se fixent des buts concrets sont plus enclins à se tenir à une nouvelle routine.
- ◼ Après chaque séance d'écriture, décidez de la date où vous vous reconnecterez avec votre fort intérieur dans cette ambiance personnelle.
- ◼ Chaque jour, chaque semaine, après une séance de hot yoga... tout ce qui VOUS semble bien !

– <u>Prenez du temps</u> pour vous.
Réservez-vous du temps pour vous et rien que pour vous. Prévoyez du temps pour ce qui est important et la pratique de la gratitude est si enrichissante ! Chaque personne qui pratique la gratitude tend à...

- ◼ être plus satisfaite dans la vie
- ◼ être capable de faire face à l'adversité avec élégance
- ◼ se sentir plus heureuse et plus énergique
- ◼ mieux dormir
- ◼ réduire son niveau d'hormones du stress (ce qui renforce aussi le système immunitaire !)
- ◼ être plus encline à transmettre la gentillesse et la compassion à ceux qui l'entourent

3ᴱᴹᴱ ÉTAPE : **PARTAGEZ** votre joie de vivre

- ◼ <u>Soyez gentil</u> envers les autres
- ◼ <u>Soyez patient</u> au sujet de leur parcours
- ◼ <u>Soyez reconnaissant</u> d'être reconnaissant ☺

LA MISE EN PAGE EN QUELQUES MOTS

– **Inspiration** : Commencez votre séance de gratitude avec quelques pensées triées sur le volet au sujet de la gratitude afin de vous aider à guider vos réflexions.

– **Réflexions** : Repensez à votre journée, votre semaine, votre année, votre vie ! Rien n'est jamais trop grand ou trop petit ! Comment vous sentez-vous face à un évènement ? Comment feriez-vous sans les choses qui vous semblent être dues ? Comment avez-vous exprimé votre gratitude récemment ?

– **Reconnaissant** : Appréciez pleinement les cadeaux que vous fait la vie et pour lesquels vous êtes reconnaissant !

– **Défis** : Acceptez les évènements de la vie qui vous ont été pénibles. Observez comment toutes ces choses vous ont rendu plus fort.

– **Objectifs** : Comment continuerez-vous à intégrer la gratitude dans votre vie ? Comment l'exprimerez-vous ? Quand songez-vous à prendre du temps pour vous et pour développer un esprit reconnaissant.

inspiration

La gratitude est l'un des plus doux raccourcis pour trouver la paix de l'esprit et le bonheur intérieur.

aujourd'hui

/ /

réflexions

choses dont je suis reconnaissant

défis

objectifs

inspiration

La gratitude ce sont l'âme et le cœur qui chantent à l'unisson.

aujourd'hui

/ /

réflexions

choses dont je suis reconnaissant

défis

objectifs

inspiration

La gratitude change tout.

aujourd'hui

/ /

réflexions

choses dont je suis reconnaissant

défis

objectifs

inspiration

Seul celui qui possède une grande beauté intérieure perçoit la beauté du monde.

aujourd'hui

_____ / _____ / _____

réflexions

choses dont je suis reconnaissant

défis

objectifs

inspiration

C'est d'être bien né que d'être reconnaissant.

aujourd'hui

/ /

réflexions

choses dont je suis reconnaissant

défis

objectifs

inspiration

Le plaisir que l'on éprouve à trouver un homme reconnaissant est si grand... qu'il vaut la peine de ne pas être ingrat.

aujourd'hui

/ /

réflexions

choses dont je suis reconnaissant

défis

objectifs

inspiration

Quand vous buvez de l'eau, souvenez-vous de la source.

aujourd'hui

/   /

réflexions

choses dont je suis reconnaissant

défis

objectifs

inspiration

Exprimer sa gratitude, c'est envoyer une lettre d'amour à l'univers.

aujourd'hui

/ /

réflexions

choses dont je suis reconnaissant

défis

objectifs

inspiration

Éprouver de la gratitude sans l'exprimer c'est comme emballer un cadeau sans jamais l'offrir.

aujourd'hui

/ /

réflexions

choses dont je suis reconnaissant

défis

objectifs

inspiration

On ne voit bien qu'avec le cœur, ce qui est essentiel est invisible pour les yeux.
Antoine de Saint-Exupéry

aujourd'hui

___ / ___ / ___

réflexions

choses dont je suis reconnaissant

défis

objectifs

inspiration

Sois tellement heureux que les autres le deviennent aussi, rien qu'en te regardant.

aujourd'hui

/   /

réflexions

choses dont je suis reconnaissant

défis

objectifs

inspiration

Le bonheur de ta vie dépend de la qualité de tes pensées.

aujourd'hui

/ /

réflexions

choses dont je suis reconnaissant

défis

objectifs

inspiration

Quand l'esprit dit « abandonne »,
l'espoir chuchote « essaie encore une
fois ».

aujourd'hui

___ / ___ / ___

réflexions

choses dont je suis reconnaissant

défis

objectifs

inspiration

A toi, petite lumière qui vit en moi...
merci de me guider chaque jour et
d'illuminer mon âme.

aujourd'hui

/ /

réflexions

choses dont je suis reconnaissant

défis

objectifs

inspiration

Quand il pleut, cherche les arcs-en-ciel,
quand il fait noir, cherche les étoiles.

aujourd'hui

/ /

réflexions

choses dont je suis reconnaissant

défis

objectifs

inspiration

La vie n'est que le reflet des couleurs qu'on lui donne.

aujourd'hui

/   /

réflexions

choses dont je suis reconnaissant

défis

objectifs

inspiration

Sois reconnaissant pour cette journée.

aujourd'hui

/ /

réflexions

choses dont je suis reconnaissant

défis

objectifs

inspiration

Montre une attitude de gratitude.

aujourd'hui

/ /

réflexions

choses dont je suis reconnaissant

défis

objectifs

inspiration

Le bonheur ne dépend pas de ce que tu as ou de qui tu es mais s'appuie seulement sur ce que tu penses.

aujourd'hui

/   /

réflexions

choses dont je suis reconnaissant

défis

objectifs

inspiration

Le bonheur est quelque chose qui se multiplie quand il se divise.

aujourd'hui

___ / ___ / ___

réflexions

choses dont je suis reconnaissant

défis

objectifs

inspiration

Apprécie où tu en es de ton voyage, même si ce n'est pas là où tu veux être. Chaque saison a sa raison d'être.

aujourd'hui

/ /

réflexions

choses dont je suis reconnaissant

défis

objectifs

inspiration

Un cœur reconnaissant donne sans rien attendre en retour. Il rend juste ce qu'il ressent.

aujourd'hui

/ /

réflexions

choses dont je suis reconnaissant

défis

objectifs

inspiration

Bienheureux sont ceux qui donnent sans se souvenir mais prennent sans jamais oublier.

aujourd'hui

/ /

réflexions

choses dont je suis reconnaissant

défis

objectifs

inspiration

Ne perds jamais espoir, quand le soleil se couche, les étoiles apparaissent.

aujourd'hui

/ /

réflexions

choses dont je suis reconnaissant

défis

objectifs

inspiration

La valeur d'un homme réside dans ce qu'il donne et non dans ce qu'il est capable de recevoir.

aujourd'hui

/ /

réflexions

choses dont je suis reconnaissant

défis

objectifs

inspiration

La reconnaissance est la mémoire du cœur.

aujourd'hui

/ /

réflexions

choses dont je suis reconnaissant

défis

objectifs

inspiration

Au lieu de souffrir toujours de ce qui vous manque, apprenez à vous réjouir de ce que vous avez.

aujourd'hui

/   /

réflexions

choses dont je suis reconnaissant

défis

objectifs

inspiration

Sois reconnaissant envers tous, tous t'enseignent.

aujourd'hui

/ /

réflexions

choses dont je suis reconnaissant

défis

objectifs

inspiration

Ceux qui donnent ne doivent pas se rappeler, mais ceux qui reçoivent ne doivent jamais l'oublier.

aujourd'hui

/ /

réflexions

choses dont je suis reconnaissant

défis

objectifs

inspiration

Agis avec gentillesse mais n'attends pas de gratitude.

aujourd'hui

/ /

réflexions

choses dont je suis reconnaissant

défis

objectifs

inspiration

La reconnaissance part naturellement d'une belle âme ; les âmes vulgaires n'en connaissent que le mot.

aujourd'hui

/ /

réflexions

choses dont je suis reconnaissant

défis

objectifs

inspiration

La reconnaissance est le seul plaisir qui ne soit mêlé de honte ou de regrets.

aujourd'hui

/ /

réflexions

choses dont je suis reconnaissant

défis

objectifs

inspiration

La reconnaissance est l'aimant des bons cœurs.

aujourd'hui

___ / ___ / ___

réflexions

choses dont je suis reconnaissant

défis

objectifs

inspiration

La vie peut être courte ou longue, tout dépend de la façon dont nous la vivons.

aujourd'hui

___ / ___ / ___

réflexions

choses dont je suis reconnaissant

défis

objectifs

inspiration

Toute bénédiction qui n'est pas
acceptée devient une malédiction.

aujourd'hui

/ /

réflexions

choses dont je suis reconnaissant

défis

objectifs

inspiration

Quand on a pas ce que l'on aime, il faut aimer ce que l'on a.

aujourd'hui

/ /

réflexions

choses dont je suis reconnaissant

défis

objectifs

inspiration

Il y a toujours des fleurs pour ceux qui veulent les voir.

aujourd'hui

___ / ___ / ___

réflexions

choses dont je suis reconnaissant

défis

objectifs

inspiration

La gratitude est la forme la plus exquise de la courtoisie.

aujourd'hui

/ /

réflexions

choses dont je suis reconnaissant

défis

objectifs

inspiration

Le plus petit acte de gentillesse vaut bien plus que la plus grande des intentions.

aujourd'hui

___ / ___ / ___

réflexions

choses dont je suis reconnaissant

défis

objectifs

inspiration

La reconnaissance est bien un devoir qu'il faut rendre, mais non un droit qu'on puisse exiger.

aujourd'hui

/ /

réflexions

choses dont je suis reconnaissant

défis

objectifs

inspiration

Aucun devoir n'est plus urgent que celui de dire merci.

aujourd'hui

/ /

réflexions

choses dont je suis reconnaissant

défis

objectifs

inspiration

Soyons reconnaissants aux personnes qui nous donnent du bonheur, elles sont les charmants jardiniers par qui nos âmes sont fleuries.

Marcel Proust

aujourd'hui

/ /

réflexions

choses dont je suis reconnaissant

défis

objectifs

inspiration

La gratitude et l'attitude ne sont pas des défis mais des choix.

aujourd'hui

/ /

réflexions

choses dont je suis reconnaissant

défis

objectifs

inspiration

La reconnaissance dans le caractère est comme le parfum dans la fleur.

aujourd'hui

___ / ___ / ___

réflexions

choses dont je suis reconnaissant

défis

objectifs

inspiration

Si tu veux trouver le bonheur, trouve la reconnaissance.

aujourd'hui

___ / ___ / ___

réflexions

choses dont je suis reconnaissant

défis

objectifs

inspiration

Profite des petites choses de la vie, car un jour tu regarderas en arrière et tu réaliseras qu'il s'agissait en fait des grandes choses.

aujourd'hui

/ /

réflexions

choses dont je suis reconnaissant

défis

objectifs

inspiration

Le secret du bonheur est de compter nos bénédictions plutôt de de faire l'addition de nos malheurs.

aujourd'hui

/ /

réflexions

choses dont je suis reconnaissant

défis

objectifs

inspiration

Le bonheur c'est de continuer à désirer ce que l'on possède.

aujourd'hui

/ /

réflexions

choses dont je suis reconnaissant

défis

objectifs

inspiration

Fais de ta vie un rêve, et d'un rêve, une réalité.

aujourd'hui

___ / ___ / ___

réflexions

choses dont je suis reconnaissant

défis

objectifs

inspiration

Sois reconnaissant, tu es heureux. La vie est trop courte pour être anxieux.

aujourd'hui

____ / ____ / ____

réflexions

choses dont je suis reconnaissant

défis

objectifs

inspiration

Romps l'anxiété avec un peu de gratitude.

aujourd'hui

/ /

réflexions

choses dont je suis reconnaissant

défis

objectifs

inspiration

Reconnaissant. Heureux. Comblé.

aujourd'hui

/ /

réflexions

choses dont je suis reconnaissant

défis

objectifs

inspiration

Reconnaissant et heureux.

aujourd'hui

___ / ___ / ___

réflexions

choses dont je suis reconnaissant

défis

objectifs

inspiration

La gratitude révèle l'abondance de la vie.

aujourd'hui

/ /

réflexions

choses dont je suis reconnaissant

défis

objectifs

inspiration

Profite de chaque instant.

aujourd'hui

/ /

réflexions

choses dont je suis reconnaissant

défis

objectifs

inspiration

La gratitude peut transformer ta routine en jour de fête.

aujourd'hui

___ / ___ / ___

réflexions

_____
_____
_____
_____
_____
_____

choses dont je suis reconnaissant

_____
_____
_____
_____
_____
_____
_____

défis

_____
_____
_____
_____
_____
_____

objectifs

_____
_____
_____
_____
_____
_____

inspiration

Quelques personnes se plaignent que les roses ont des épines ; moi, je suis reconnaissant que les épines aient des roses.

aujourd'hui

___ / ___ / ___

réflexions

choses dont je suis reconnaissant

défis

objectifs

inspiration

Il y a toujours une raison pour être reconnaissant.

aujourd'hui

/ /

réflexions

choses dont je suis reconnaissant

défis

objectifs

inspiration

La gratitude fait de ce que nous avons
ce dont nous nous satisfaisons.

aujourd'hui

___ / ___ / ___

réflexions

choses dont je suis reconnaissant

défis

objectifs

inspiration

Sois reconnaissant pour tout ce que tu as pendant que tu cherches à atteindre tout ce que tu veux.

aujourd'hui

___ / ___ / ___

réflexions

choses dont je suis reconnaissant

défis

objectifs

inspiration

La gratitude nous aide à comprendre notre passé, apaise le présent et nous fait envisager l'avenir.

aujourd'hui

___ / ___ / ___

réflexions

choses dont je suis reconnaissant

défis

objectifs

inspiration

Ce ne sont pas les gens heureux qui sont reconnaissants, mais bien les gens reconnaissants qui sont heureux.

aujourd'hui

/ /

réflexions

choses dont je suis reconnaissant

défis

objectifs

inspiration

Le secret pour tout avoir dans la vie est de savoir que vous l'avez déjà.

aujourd'hui

___ / ___ / ___

réflexions

choses dont je suis reconnaissant

défis

objectifs

inspiration

Un cœur heureux attire tous les miracles.

aujourd'hui

___ / ___ / ___

réflexions

choses dont je suis reconnaissant

défis

objectifs

inspiration

Chaque jour est un cadeau et non un dû.

aujourd'hui

___/___/___

réflexions

choses dont je suis reconnaissant

défis

objectifs

inspiration

La gratitude est à la richesse ce que la plainte est à la pauvreté.

aujourd'hui

/ /

réflexions

choses dont je suis reconnaissant

défis

objectifs

inspiration

Hier fait partie de l'histoire ancienne. Demain est encore un mystère. Mais aujourd'hui est un cadeau qu'on appelle le présent.

aujourd'hui

/ /

réflexions

choses dont je suis reconnaissant

défis

objectifs

inspiration

Un petit moment de gratitude fait toute la différence dans ton attitude.

aujourd'hui

/ /

réflexions

choses dont je suis reconnaissant

défis

objectifs

inspiration

Arrête-toi une seconde et profite du moment. C'est maintenant ou jamais.

aujourd'hui

/ /

réflexions

choses dont je suis reconnaissant

défis

objectifs

inspiration

N'attends jamais rien et apprécie toujours tout.

aujourd'hui

___ / ___ / ___

réflexions

choses dont je suis reconnaissant

défis

objectifs

inspiration

On ne trouve que la gratitude entre le privilège et le dû.

aujourd'hui

___ / ___ / ___

réflexions

choses dont je suis reconnaissant

défis

objectifs

inspiration

Tu peux vivre ta vie de deux façons : comme si rien n'était miraculeux ou comme si tout était merveilleux.

aujourd'hui

/ /

réflexions

choses dont je suis reconnaissant

défis

objectifs

inspiration

Le bonheur, ce n'est pas toujours d'obtenir ce que tu veux mais d'aimer ce que tu as et d'en être reconnaissant.

aujourd'hui

/ /

réflexions

choses dont je suis reconnaissant

défis

objectifs

inspiration

Vis le moment présent et sois reconnaissant pour les petites choses que t'offre la vie.

aujourd'hui

___ / ___ / ___

réflexions

choses dont je suis reconnaissant

défis

objectifs

inspiration

Je suis reconnaissant pour tous les combats que j'ai menés, car sans eux je n'aurais pas trouvé la force qui m'habite.

aujourd'hui

___ / ___ / ___

réflexions

choses dont je suis reconnaissant

défis

objectifs

inspiration

À cœur reconnaissant, cœur heureux.

aujourd'hui

___ / ___ / ___

réflexions

choses dont je suis reconnaissant

défis

objectifs

inspiration

Sois agréable. Sois prévenant.
Sois véritable. Mais surtout, sois
reconnaissant.

aujourd'hui

/ /

réflexions

choses dont je suis reconnaissant

défis

objectifs

inspiration

Si tu me demandes si mon verre est à moitié plein ou à moitié vide, je te répondrai que je suis juste reconnaissant d'en avoir un.

aujourd'hui

___ / ___ / ___

réflexions

choses dont je suis reconnaissant

défis

objectifs

inspiration

Où que tu sois, investis-toi entièrement.

aujourd'hui

___ / ___ / ___

réflexions

choses dont je suis reconnaissant

défis

objectifs

inspiration

Il n'y a guère au monde un plus bel excès que celui de la reconnaissance.

aujourd'hui

___ / ___ / ___

réflexions

choses dont je suis reconnaissant

défis

objectifs

inspiration

Profite de ce moment car ce moment c'est ta vie.

aujourd'hui

___ / ___ / ___

réflexions

choses dont je suis reconnaissant

défis

objectifs

inspiration

Croque la vie à pleines dents, elle est délicieuse.

aujourd'hui

_ _ / _ _ / _ _ _ _

réflexions

choses dont je suis reconnaissant

défis

objectifs

inspiration

Sois reconnaissant, ralentis, profite de la vie.

aujourd'hui

___ / ___ / ___

réflexions

choses dont je suis reconnaissant

défis

objectifs

inspiration

La vie doit être appréciée et non endurée.

aujourd'hui

/ /

réflexions

choses dont je suis reconnaissant

défis

objectifs

inspiration

La gratitude est une baguette magique qui a le pouvoir de créer la joie.

aujourd'hui

/ /

réflexions

choses dont je suis reconnaissant

défis

objectifs

inspiration

Profite de la vie aujourd'hui, hier est déjà passé et demain pourrait ne jamais arriver.

aujourd'hui

___ / ___ / ___

réflexions

_____
_____
_____
_____
_____

choses dont je suis reconnaissant

_____
_____
_____
_____
_____

défis

_____
_____
_____
_____

objectifs

_____
_____
_____
_____
_____

inspiration

Fais d'aujourd'hui une journée exceptionnelle.

aujourd'hui

___ / ___ / ___

réflexions

choses dont je suis reconnaissant

défis

objectifs

inspiration

La gratitude est la plus belle fleur qui jaillit de l'âme.

aujourd'hui

___ / ___ / ___

réflexions

choses dont je suis reconnaissant

défis

objectifs

inspiration

Le combat s'arrête là où commence la gratitude.

aujourd'hui

/ /

réflexions

choses dont je suis reconnaissant

défis

objectifs

inspiration

Compte les arcs-en-ciel plutôt que les orages.

aujourd'hui

___ / ___ / ___

réflexions

choses dont je suis reconnaissant

défis

objectifs

inspiration

Le secret du bonheur est de savoir que tu l'as déjà trouvé.

aujourd'hui

/ /

réflexions

choses dont je suis reconnaissant

défis

objectifs

inspiration

Tu peux choisir d'être reconnaissant, peu importe pour quelle raison.

aujourd'hui

___ / ___ / ___

réflexions

choses dont je suis reconnaissant

défis

objectifs

inspiration

Remercie pour les petites choses et tu trouveras les grandes.

aujourd'hui

/ /

réflexions

choses dont je suis reconnaissant

défis

objectifs

inspiration

Ce qu'on voit dépend surtout de ce qu'on cherche.

aujourd'hui

/ /

réflexions

choses dont je suis reconnaissant

défis

objectifs

inspiration

Ne perds jamais de vue ce que tu as au profit de ce que tu veux.

aujourd'hui

/ /

réflexions

choses dont je suis reconnaissant

défis

objectifs

inspiration

Au lieu de souffrir de ce qui te manque,
réjouis-toi de ce que tu as.

aujourd'hui

/   /

réflexions

choses dont je suis reconnaissant

défis

objectifs

inspiration

La gratitude est la clé du bonheur.

aujourd'hui

/ /

réflexions

choses dont je suis reconnaissant

défis

objectifs

inspiration

La gratitude est non seulement la plus grande des vertus mais aussi la mère de toutes les autres.

aujourd'hui

/ /

réflexions

choses dont je suis reconnaissant

défis

objectifs

inspiration

La gratitude transforme les affres de la mémoire en une joie tranquille.

aujourd'hui

/ /

réflexions

choses dont je suis reconnaissant

défis

objectifs

inspiration

Ce n'est pas le bonheur qui nous remplit de gratitude ; c'est la gratitude qui nous remplit de bonheur.

aujourd'hui

___ / ___ / ___

réflexions

choses dont je suis reconnaissant

défis

objectifs

Made in the USA
Monee, IL
27 May 2021